AF242778

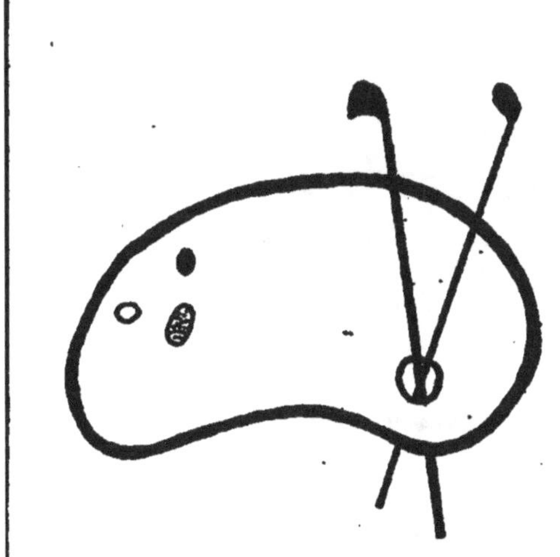

DEBUT D'UNE SERIE DE DOCUMENTS
EN COULEUR

CHARLES BEUDANT

NOTICE NÉCROLOGIQUE

PAR

Paul CAUWÈS

PROFESSEUR A LA FACULTÉ DE DROIT DE PARIS

(Extrait de la *Revue d'Economie Politique* d'avril 1896).

PARIS

LIBRAIRIE DE LA SOCIÉTÉ DU RECUEIL Gᵃˡ DES LOIS ET DES ARRÊTS

ET DU JOURNAL DU PALAIS

ANCIENNE Mᵒⁿ L. LAROSE & FORCEL

22, RUE SOUFFLOT, 22

L. LAROSE, DIRECTEUR DE LA LIBRAIRIE

1896

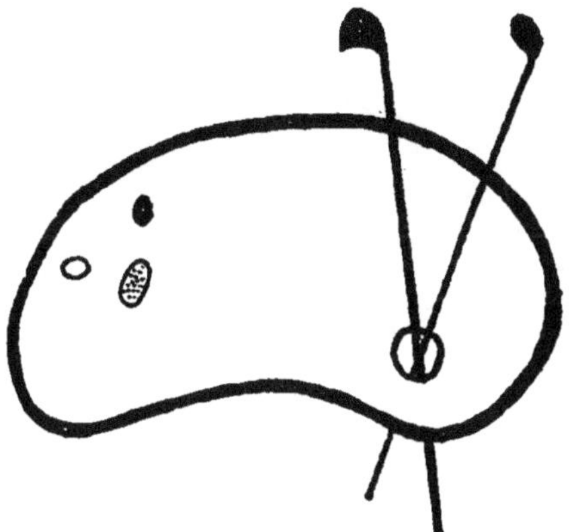

FIN D'UNE SERIE DE DOCUMENTS
EN COULEUR

CHARLES BEUDANT

NOTICE NÉCROLOGIQUE

PAR

Paul CAUWÈS

PROFESSEUR A LA FACULTÉ DE DROIT DE PARIS

(Extrait de la *Revue d'Economie Politique* d'avril 1896).

PARIS

LIBRAIRIE DE LA SOCIÉTÉ DU RECUEIL G^{al} DES LOIS ET DES ARRÊTS

ET DU JOURNAL DU PALAIS

Ancienne M^{on} L. LAROSE & FORCEL

22, RUE SOUFFLOT, 22

L. LAROSE, DIRECTEUR DE LA LIBRAIRIE

1896

CHARLES BEUDANT

C'est en pleine activité, d'une façon brusque et inopinée, que Charles Beudant a succombé le 28 juillet dernier, à l'âge de 66 ans[1]. Sa mort est une perte des plus grandes pour nos Facultés.

Fondée par un groupe de professeurs de droit, la *Revue d'Économie Politique* doit rendre à sa mémoire un suprême hommage. Si elle n'a pas qualité pour parler comme il conviendrait du jurisconsulte, du professeur de droit civil dont l'enseignement fut si goûté des étudiants pendant vingt-sept ans (de 1868 à la fin de l'année scolaire 1894-1895), il lui appartient de rappeler la large contribution du regretté doyen honoraire de la Faculté de Paris au mouvement de réformes qui a amené l'acclimatation des sciences politiques et économiques dans les Facultés de droit; il lui appartient aussi de se souvenir qu'il a été l'un des premiers à apprécier, dans des pages trop peu connues, les bienfaits·de l'introduction de l'enseignement économique au milieu des études juridiques; que nul n'a soutenu plus vaillamment contre les violentes attaques des économistes intransigeants de l'école classique ses jeunes collègues chargés de cet enseignement, ni plus hautement revendiqué à leur profit la liberté des doctrines.

Ch. Beudant se rattache enfin comme écrivain à notre sphère d'études : l'œuvre que jusqu'à sa mort on a pu considérer comme son œuvre maîtresse, « *Le droit individuel et l'État* », a été ici même, lors de son apparition, en 1891, l'objet de deux études qui,

---

[1] Beudant (Léon, Charles, Anatole), est né à Fontenay-le-Fleury (Seine-et-Oise), le 9 janvier 1829.

chacune, à un point de vue différent, témoigne de la haute valeur scientifique qui lui fut immédiatement reconnue[1].

Dans la pensée de l'auteur, « le droit individuel et l'État » devait être l'introduction d'un traité de droit civil dont il a poursuivi la rédaction, au milieu d'autres travaux et de maintes occupations administratives, avec une infatigable persévérance ; c'était comme une tâche inséparable de la préparation de ses leçons. Certes, la plupart de ses auditeurs n'ont pas soupçonné la somme de travail que supposait la construction de ces théories synthétiques dont l'intelligence leur était facilitée par la souveraine clarté de la parole, par la recherche constante de la formule la plus précise et l'enchaînement impeccable des déductions logiques. Les aperçus économiques sur la famille, la propriété, sa transmission héréditaire, le crédit, non moins que le développement historique des idées juridiques, rehaussaient l'intérêt de l'exposé doctrinal et aidaient à faire comprendre la genèse et l'esprit de nos lois. L'éminent professeur avait poussé très avant ce travail de rédaction. Aussi, grâce aux soins de son fils, notre collègue Robert Beudant, digne héritier de son nom, le grand public ne tardera pas à connaître l'œuvre du maître.

Pour n'être qu'une introduction, « le droit individuel et l'État » n'est pas un livre d'ordre secondaire. La pensée en a été longuement méditée, conçue déjà près de quarante ans avant sa publication et nourrie depuis sous l'impression de causes qu'il n'est pas inutile de faire connaître.

Ch. Beudant n'a jamais isolé le droit des autres sciences morales et c'est par un enseignement encyclopédique qui, sous le titre d'introduction à l'étude du droit, en comprenait les fondements philosophiques et économiques, qu'il fit ses débuts à Strasbourg, à l'âge de 24 ans. Dix ans après (1863-1864), il crée ce même cours à Paris[2]. C'est dans les leçons du cours d'introduction générale à l'étude du droit que nos étudiants ont pu puiser les rudiments de la science économique, puisque la première chaire spéciale d'économie politique ne fut instituée à Paris que l'année suivante.

---

[1] V. Charmont et Th. Ferneuil, *Revue d'Économie Politique*, 1891, p. 407 et s., 413 et s. On peut en rapprocher une étude très pénétrante de notre collègue Saleilles publiée dans la *Revue internationale de l'enseignement*, 1891, t. II, p. 39 s.

[2] La leçon d'ouverture de ce cours a été publiée. Plusieurs des idées dominantes du « droit individuel et l'État » y sont largement exposées.

Aucune chaire magistrale n'existait et ne fut créée depuis — ce qu'on peut regretter — pour la synthèse des sciences juridiques et économiques. Aussi, après un court mais fécond stage dans l'enseignement du droit commercial (1867-1868)[1], c'est au droit civil, qu'il avait déjà enseigné à Toulouse pendant quatre ans, que Ch. Beudant revint, d'abord comme suppléant, puis comme titulaire (1876) pour ne le plus quitter.

Mais, de sa première direction scientifique, son esprit avait gardé le goût de la recherche philosophique du fondement du droit, le souci de dégager la personne humaine de l'étreinte oppressive de l'État.

Au lendemain de la guerre, dans le premier Conseil municipal élu de Paris où, jusqu'en 1877, Ch. Beudant prit une place importante dans les rangs des républicains modérés[2], c'est sur le terrain de l'enseignement populaire qu'il se porte, de toute l'ardeur d'une conviction profonde, à la défense du droit individuel selon lui menacé. Avec une droiture de conduite qu'on retrouve dans tous les actes de sa vie, c'est la brûlante question de la laïcité dont il est l'adversaire — voulant pour le père de famille un libre droit d'option — qu'il pose devant ses électeurs. Il nous a été donné de suivre, dans de volumineux manuscrits, le travail incessant de sa pensée sur les grands problèmes relatifs à l'école communale, que la troisième République a résolus. On peut ne pas partager, à cet égard, toutes les idées du regretté maître, mais ce qui commande le respect et l'admiration, c'est l'étude si persévérante, reprise sans cesse jusque dans les dernières années de sa vie, des questions de liberté de conscience et de culte, des rapports de l'Église et de l'État, de la sécularisation de la loi, etc. Nous le voyons notant les moindres incidents, suivant dans les livres, dans la presse, les manifestations symptomatiques de l'opinion, constituant un considérable et curieux dossier, où se révèle à chaque page la recherche passionnée de la vérité, où on ne lui sent qu'une haine au cœur, celle du fanatisme et de l'esprit sectaire sous quelque drapeau qu'ils se montrent.

[1] Plusieurs dissertations estimées, publiées au lendemain de la promulgation de la loi du 24 juillet 1867 sur les sociétés commerciales sont dues à Ch. Beudant. Voici les principales : « *Des sociétés commerciales* », 1868: *De la responsabilité des souscripteurs et de leurs cessionnaires* », 1868 ; « *Des caractères distinctifs de l'action et de l'intérêt* », 1869 ; « *De la constitution des sociétés par actions* », 1870.

[2] En 1875, le Conseil l'appela aux fonctions de la vice-présidence.

L'individualisme de Ch. Beudant n'a ni les étroitesses ni la sécheresse de celui de Spencer. Il méconnaît si peu — cet adverde la laïcité — les droits de la souveraineté, qu'il se prononce avec résolution, à la suite d'une argumentation très forte, pour le principe de l'obligation, admettant aussi la gratuité comme corollaire, mais seulement à défaut des ressources de la famille. Jamais il n'a fait sienne cette formule spencérienne : « Un besoin public, jusqu'à ce qu'il soit satisfait d'une manière spontanée, devrait rester sans satisfaction aucune ». Il a un trop vif sentiment de la nécessité de venir en aide aux faibles et de susciter les forces productives. C'est pourquoi, quand il s'agit, pour la ville de Paris, de créer l'enseignement professionnel, Ch. Beudant, dans un très important rapport, propose la fondation d'une école type d'apprentis pour les métiers du fer et du bois. Ce n'est qu'une expérience : il compte sur l'initiative privée, sur celle des syndicats en particulier pour suivre l'impulsion donnée; mais avec le sentiment le plus net des obligations de la société contemporaine, il estime que la grande Cité doit frayer la voie « avec la puissance des moyens dont elle dispose ». Il y va de l'avenir industriel du pays, compromis par l'abaissement universellement constaté du savoir professionnel; il y va aussi de l'avenir des classes laborieuses. Ce n'est pas en optimiste, à l'instar de Bastiat, qu'il analyse dans des pages extrêmement fortes les conséquences économiques ou sociales du travail en fabrique : la diminution au moins apparente de la valeur technique et morale de l'artisan, la décadence ou l'abandon de l'apprentissage, la menace grandissante due aux transformations de l'outillage et aux longs chômages, la désorganisation du foyer, le relâchement des liens de famille. Ce rapport date de 1872; c'est le point de départ des nombreuses fondations qui ont eu lieu depuis. Le Conseil municipal actuel s'est fait honneur en venant, par l'organe de l'un de ses membres, le proclamer hautement sur la tombe de Ch. Beudant.

Ces pages qui émanent d'un esprit très ouvert, écrites sous l'impulsion d'un cœur généreux, ont pour nous le mérite de donner la note vraie au sujet des doctrines économiques de Ch. Bendant. Par la suite, « le droit individuel et l'État » a pu faire naître l'illusion d'un individualisme plus doctrinaire. Quelques pages de la conclusion dirigées contre le flot montant du socialisme d'État n'impliquent pas la condamnation, au point de vue de la doctrine, de toute intervention de l'État en matière économique, mais seulement de certaines exagérations ou entraînements dont l'époque contemporaine fournit un trop grand nombre d'exemples. D'ailleurs, — la remarque en a été faite ici même — le « droit individuel et l'État » est une œuvre de caractère éminemment philosophique. Le but essentiel de l'auteur est de déterminer le fondement du droit.

De par sa liberté native, l'individu a des droits, mais lesquels ? Jusqu'où s'étendent-ils ? Ch. Beudant n'a pas entendu donner la solution de ces questions. Sa philosophie est celle de Secrétan — qu'il ne semble cependant pas avoir mise à contribution — moins la solidarité déduite par le philosophe de Lausanne des fins morales de l'homme, être social par nature. Notre auteur s'est contenté d'établir sur une base inébranlable le droit individuel, laissant volontairement dans l'ombre le droit social.

En niait-il l'existence ou renonçait-il à lui faire une place ? Nous savons pertinemment que non, car « *Le droit individuel et le droit social* », tel est le titre nouveau qu'il avait inscrit en tête du manuscrit préparé en vue d'une édition postérieure. Mais, de sa correspondance, on est autorisé à conclure qu'il concevait le droit social comme lié au développement des institutions juridiques et économiques, comme un résultat progressif plutôt que comme un principe primordial. Et, à cet égard, la *Leçon d'ouverture du Cours d'introduction* contient une induction significative.

Comme Dupont White, quoique avec moins de netteté peut-être, Ch. Beudant a aperçu cette loi de développement parallèle du droit social et du droit individuel. Sous les gouvernements absolus des civilisations anciennes, le droit individuel était méconnu bien que l'État n'eût que des attributions très simples et peu nombreuses ; dans nos civilisations contemporaines, la sphère de la vie propre de la personne humaine s'est élargie et elle jouit d'un degré de liberté incomparable, quoique la souveraineté soit dotée d'attributions infiniment plus nombreuses et plus complexes.

« Le droit individuel et l'État » a été consciemment circonscrit à l'examen des principes. C'est pourquoi sa partie dogmatique ou positive est suivie non d'applications pratiques ou d'esquisses historiques du développement social, mais bien d'une réfutation de la thèse contraire à la liberté, du déterminisme, sous sa double forme historique et sociologique. Quelques vivacités d'une plume habituellement si maîtresse d'elle même, trahissent çà et là l'énervement que causaient à l'auteur les décevantes assimilations de la société aux organismes vivants, comme les orgueilleuses prétentions de quelques-uns des adeptes de la sociologie contemporaine.

Une étude critique plus complète d'un livre devenu classique, serait ici hors de propos. Ce qui avait seulement quelque opportunité peut-être, c'était d'en indiquer les origines et de dissiper le malentendu qui s'est produit chez quelques-uns au sujet de son véritable caractère et sur la notion même du droit individuel [1].

Ch. Beudant comptait sur les futurs loisirs de sa retraite pour reprendre et compléter son œuvre. Dans une pensée touchante, il avait choisi par avance la dédicace de cette édition projetée :

A mes anciens collègues de la Faculté de droit de Paris
Animæ patriæ

L'existence du doyen Ch. Beudant a été très activement mêlée à la vie universitaire. C'est de la confiance de Jules Ferry qu'il reçut le décanat (octobre 1879) et il lui fut maintenu en 1882 et en 1885 à l'expiration de deux périodes triennales. A cause de son état de santé, il dut se démettre en 1887 (octobre), après huit ans d'une administration vigilante et ferme au cours de laquelle chacun put apprécier la loyauté de son caractère, son impartialité et sa bienveillance. En 1880, il fut élu délégué des Facultés de droit au Conseil supérieur de l'Instruction publique dont il ne sortit en 1888 que pour y rentrer en 1891. Peu de temps après sa démission du décanat, il représenta la Faculté de droit de Paris au Conseil général des Facultés institué en 1885, où il avait siégé dès sa création en qualité de doyen et dont il est resté membre jusqu'à sa mort.

Son influence dans ces assemblées délibérantes a été grande. Son nom, illustré dans l'Université par son père, le minéralogiste, professeur à la Faculté des sciences et inspecteur général, y symbolisait l'union des forces universitaires récemment restaurée; ses connaissances de jurisconsulte y rendirent d'éminents services dans les questions contentieuses. Membre de la section permanente du Conseil supérieur jusqu'en 1888, il eut un rôle prépondérant dans l'élaboration de diverses mesures intéressant nos Facultés :

[1] V. le compte-rendu de Courcelle-Seneuil dans le *Journal des Économistes*, t. CLXXXVII, 1891, p. 138 s., et la lettre de Ch. Beudant en réponse à ce compte-rendu (*op. cit.*, même volume, p. 259 s.).

réforme du régime des examens et élargissement du cadre des études de la licence par l'institution de nouveaux cours (histoire générale du droit public et privé; droit international privé): création de cours libres et de conférences annexes aux cours; institution renouvelée depuis en 1895, etc... Conformément aux vues de la Faculté de Paris, il soumit au ministre, en 1881, un projet d'organisation de l'enseignement des sciences administratives et politiques et ses rapports au Conseil académique renouvellent avec une grande insistance le vœu de cette création. Le décret de 1882 sur la réforme du doctorat est élaboré par ses soins et c'est en réalité, sous une autre forme, une première satisfaction donnée à ce vœu. Sur le statut de l'agrégation remis en question en 1882, c'est encore le doyen Ch. Beudant qui est chargé par le ministre d'étudier les avis émis par les diverses Facultés et de formuler des conclusions [1].

Depuis, en 1889 pour la licence, en 1891 pour l'agrégation, des réformes plus hardies, mais peut-être moins soigneusement méditées, furent accomplies en dehors de son action.

D'autres changements dans l'enseignement secondaire, notamment la transformation de l'enseignement spécial en enseignement moderne, assimilé presque en tout point, quant aux prérogatives, à l'enseignement classique, lui paraissaient dangereux. Il n'hésita pas à les attaquer. Ch. Beudant a pu paraître dès lors à quelques-uns un homme d'opposition et de lutte. De fait, il apportait dans les discussions toute la chaleur de ses convictions, mais aussi et surtout une précision de connaissances, une force d'argumentation vraiment exceptionnelles. Ceux qui ont vécu dans son intimité savent bien qu'il n'aimait pas contredire sans nécessité; il ne se portait à la discussion que poussé par le désir de mettre en lumière ce qu'il croyait être la vérité. Le rôle d'opposant ne lui convenait pas; aussi un an environ après son entrée au Conseil supérieur, déclinait-il le renouvellement de son mandat, estimant qu'il n'était plus en aussi bonne position que par le passé pour défendre utile-

---

[1] Parmi d'autres projets, il en est un sur lequel le doyen Beudant revient à plusieurs reprises dans ses rapports au Conseil académique et dans ses discours : c'est celui de l'organisation, en dehors de la licence et en vue d'en rehausser le niveau scientifique, d'un cours d'études spécial et d'un grade inférieur à l'usage de nombreux aspirants à des carrières pratiques qui n'ont ni la culture préparatoire ni les loisirs nécessaires pour entreprendre des études vraiment scientifiques. L'idée n'a pas été abandonnée et, reprise récemment, on peut espérer qu'elle triomphera bientôt.

ment les intérêts qui lui étaient chers : aussi bien l'administration
ne l'avait pas fait rentrer dans la section permanente du Conseil.

Recouvrer plus de liberté au profit de ses études scientifiques le
consolait pleinement de cet effacement volontaire. Il a jeté quelque
part cette pensée qui n'a besoin d'aucun commentaire : « Le pro-
fessorat suppose le recueillement ; l'administration impose la dis-
persion, rien n'est plus antipathique ».

Peut-être aussi sa foi dans la valeur pratique des nouveaux Con-
seils universitaires en vue d'une plus large autonomie des Facultés
était-elle quelque peu ébranlée, mais jamais, quoi qu'on ait pu pré-
tendre, il ne fut hostile au projet de grouper les Facultés en centres
universitaires. Il eut seulement la préoccupation de sauver d'anciennes Facultés isolées, menacées d'absorption par cette évolution.
A la fin de 1893, son rapport au nom du Conseil général contient à
cet égard des déclarations très nettes : la personnalité civile reconnue au corps des Facultés par la loi de finances de cette année,
lui paraît « un pas considérable sinon décisif » vers la constitution
des futures Universités. Il y applaudit en exprimant le vœu — dont
il est inutile de souligner la signification — que les nouvelles institutions soient animées d'une vie intérieure plus libre, d'une indépendance pédagogique et scientifique plus réelle.

L'indépendance scientifique — c'est là une cause chère à Ch.
Beudant. Dès les premiers temps de son décanat, il eut l'occasion
de la défendre en faveur de l'Économie politique et, quelques années
après, lorsque la crise que le nouvel enseignement avait traversée
fut un peu calmée, il jugea bon d'exposer, devant ses collègues,
dans son discours annuel (2 août 1887), ses idées sur la science économique et l'enseignement tel qu'il en avait été compris dans nos
Facultés.

D'où vient d'abord la si récente introduction de l'Économie politique dans les études d'enseignement supérieur ? Ecoutons la réponse
à cette question :

« Le grand souci des temps modernes, c'est le droit des faibles
et le sort des malheureux ; le problème qu'ils ont à résoudre, sous
le nom de question sociale, c'est de rendre les conditions de la vie
plus faciles et plus équitables pour le plus grand nombre ; et comme
il est constant, sauf pour ceux que l'engouement égare parce que
le savoir ne les éclaire pas, que le bien-être de chacun ne peut
venir que du développement progressif du bien-être général, l'étude

privilégiée du siècle devait être celle des conditions les plus favorables au développement de l'activité humaine. L'Économie politique est ainsi née des besoins du temps..... »

Dans quel esprit l'Économie politique devait-elle être professée et l'a-t-elle été au sein des Facultés de droit? L'enseignement économique a dû s'y conformer aux exigences du milieu où il faisait son apparition ; il n'a pas dû se renfermer dans l'exposé purement dogmatique :

« Ils (les maîtres chargés des cours nouveaux) se sont attachés, avec les habitudes de libre examen en honneur de tout temps chez les jurisconsultes, à suivre l'influence des doctrines sur les institutions et sur les mœurs; ils se sont préoccupés en outre de l'adaptation des données théoriques aux milieux sociaux, eu égard aux circonstances et aux entraves qu'elles peuvent apporter à l'absolu des doctrines. Ce sont là, en effet, points de vue essentiels dans l'art de la législation....; de quelque enseignement qu'il s'agisse il ne peut ni ne doit en être fait abstraction dans une école de droit ».

La suite est à l'adresse des économistes classiques :

« La méthode était nouvelle. Quelques économistes de l'École classique, habitués à s'isoler dans la contemplation et la controverse des idées pures, enclins par cela même à être absolus, étrangers d'ailleurs aux études juridiques, s'en sont inquiétés : certains s'en sont scandalisés. Dans la crise que traversait la science, témoins du retour offensif d'idées qu'on croyait anéanties, de l'insuccès de prévisions que l'on croyait assurées, ils se sont demandé si ce n'est pas affaiblir les principes que de s'occuper des obstacles apportés par les circonstances à leur triomphe, si ce n'est pas les énerver que de songer aux conditions contingentes de leur application ; et s'en prenant à qui n'en peut mais de quelques défaites passagères infligées par les événements, avec une exagération qui surprend chez des hommes d'études, en termes parfois qui ont étonné de la part d'hommes de goût, ils n'ont parlé de rien moins que de fermer la porte du temple pour défendre les livres de la loi et rétablir la discipline parmi les adeptes. On a pu voir la science qui a le plus célébré et le mieux démontré les avantages de la liberté, s'émouvoir de quelques velléités d'indépendance, parler d'orthodoxie et d'hérésie, et, par une contradiction étrange, en appeler au bras séculier ! — Oh ! hommes de peu de foi...
Vous vous trompez d'abord sur le rôle et la mission de l'enseigne-

ment des Facultés. Enseigner n'est pas endoctriner, mais instruire ;
le professeur n'est pas un apôtre, mais un initiateur ; l'Université,
comme l'a dit une voix autorisée, admet toutes les philosophies,
elle n'exclut que les fanatismes. Et puis n'était-ce pas le cas d'ap-
pliquer l'axiome qui est un de vos principes : Laissez faire, laissez
passer ! » [1].

Quant aux résultats sur la direction générale des esprits, recueil-
lons encore ce jugement :

« Ce qui est certain, c'est que l'introduction de l'Économie politique dans nos Facultés a eu les plus heureux effets. Si les doctrines pures et leurs conséquences les plus immédiates et les plus
générales restent le domaine propre d'une chaire distincte, l'esprit économique, par l'influence du contact, a pénétré profondé-
ment les autres enseignements et se manifeste en des applications
infinies : il est la lumière qui éclaire la critique des institutions ».

Il ne nous déplaît pas qu'un juge aussi éclairé ait eu des ten-
dances individualistes. Son témoignage n'en est que plus précieux.
De la part de Ch. Beudant cette indépendance d'appréciation, ce
sentiment si vif de la liberté du maître dans sa chaire, n'ont rien
qui doive étonner.

Respect des convictions d'autrui, sympathie pour les bonnes
volontés, large tolérance, voilà ce qu'on était sûr de rencontrer en
lui. Mais sa vie nous donne d'autres exemples encore : en un temps
où la dépression des caractères est chose si commune, notre res-
pecté doyen a constamment été guidé par le sentiment du devoir ;
jamais il n'a marchandé avec sa conscience, hésité à lui obéir,
quelles que pussent être les suites. Il eût mieux aimé être brisé que
de prêter les mains à une injustice. Parmi ses notes figure cette pensée : « J'aime assez à vivre en paix avec les autres, mais je préfère
encore vivre en paix avec moi-même ». Pour n'être pas d'un homme
de combat et de lutte, cette maxime n'en est pas moins virile et
voulant y demeurer fidèle, il ne recula pas devant des conflits dont
certains, très vifs, eurent un fâcheux retentissement sur sa santé.

Grâce à un harmonieux équilibre des facultés, cette nature si
fortement trempée, cet esprit si vigoureux avait une âme sensible
et bonne. Avec cela aucune morgue, aucune préoccupation de se

---

[1] Il est du plus vif intérêt de comparer à ce passage la conclusion d'un article de
Baudrillart sur l'*Économie politique dans les Facultés de Droit*, paru dans la *Revue
des Deux-Mondes*, 1885, t. III, p. 163 et suiv.

faire valoir, mais des manières simples, engageantes sans banalité.
Son ascendant moral était singulièrement fortifié à raison de l'as-
semblage de ces heureux dons, développés par la vie intérieure.
Il eût fallu ne lui ressembler en rien pour ne pas l'aimer et l'ho-
norer. Aussi, l'annonce de sa mort a causé non seulement une
véritable stupeur, mais une profonde émotion et aujourd'hui encore
après tant de mois déjà écoulés, plus d'un de ceux qui l'ont connu
ne peut songer au vide que sa mort a laissé, sans être envahi par
un grand sentiment de tristesse.

19,965. — Bordeaux, Y. Cadoret, impr., rue Montméjan, 17.

235

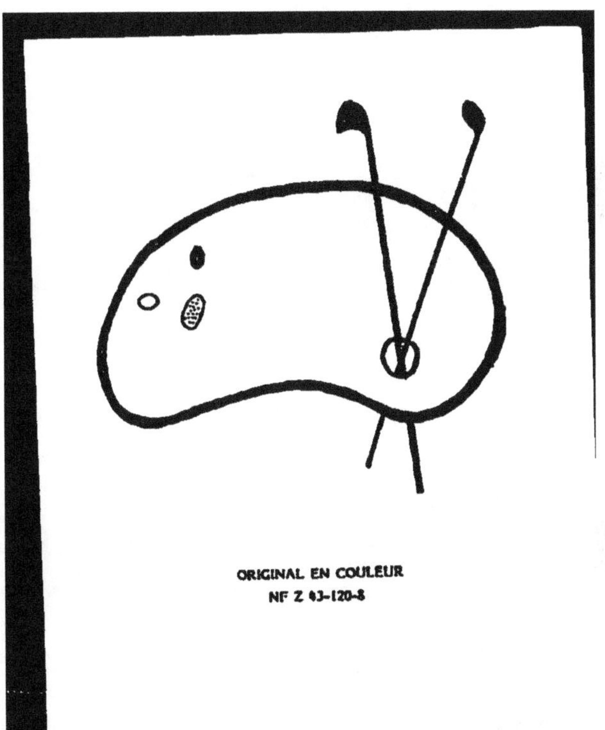

ORIGINAL EN COULEUR
NF Z 43-120-8